Anselme CHODATON

En souvenir des enseignements du pape émérite Benoît XVI

Anselme CHODATON

En souvenir des enseignements du pape émérite Benoît XVI

sur la famille

Éditions Croix du Salut

Imprint
Any brand names and product names mentioned in this book are subject to trademark, brand or patent protection and are trademarks or registered trademarks of their respective holders. The use of brand names, product names, common names, trade names, product descriptions etc. even without a particular marking in this work is in no way to be construed to mean that such names may be regarded as unrestricted in respect of trademark and brand protection legislation and could thus be used by anyone.

Cover image: www.ingimage.com

Publisher:
Éditions Croix du Salut
is a trademark of
Dodo Books Indian Ocean Ltd. and OmniScriptum S.R.L publishing group

120 High Road, East Finchley, London, N2 9ED, United Kingdom
Str. Armeneasca 28/1, office 1, Chisinau MD-2012, Republic of Moldova, Europe
Printed at: see last page
ISBN: 978-620-6-16822-5

EN MEMOIRE DES ENSEIGNEMENTS DU PAPE EMERITE BENOIT XVI SUR LA FAMILLE

Anselme CHODATON

INTRODUCTION

A l'annonce du décès du pape émérite Benoît XVI (16 avril 1927 - 31 décembre 2022), survenu au lendemain de la fête de la sainte famille, il convient de lui rendre un hommage filial pour son enseignement sur la famille. La thématique de la famille est en effet, une priorité exceptionnelle pour le pape Benoît XVI. Il reste une figure de proue à la suite de Jean-Paul II dans la dynamique de la systématisation du contenu, du sens et de l'importance de la famille. A cet effet, ce travail présente une brève recherche documentaire de son enseignement sur la famille. Trois points essentiels focalisent le développement de cette thématique :

- sa biobibliographie et le contexte d'émergence de son enseignement sur la famille

- les fondements de l'enseignement de Benoît XVI sur la famille
- la famille dans son rapport pluridimensionnel.

1- Biobibliographie du pape Benoît XVI

1.1- La Biographie de Joseph RATZINGER

Joseph RATZINGER[1] - Cardinal depuis 1977, Préfet de la Congrégation pour la Doctrine de la Foi depuis 1981 et Doyen du Collège cardinalice depuis 2002 - est né à Marktl am Inn, dans le territoire du diocèse de Passau (Allemagne), le 16 avril 1927. Il est de père, commissaire de gendarmerie, provenant de famille d'agriculteurs de la Basse Bavière et de mère, fille d'un artisan de Rimsting sur le Lac de Chiem et cuisinière dans divers hôtels. Il passa son enfance et son adolescence à Traunstein, une petite ville proche de la frontière autrichienne, à une trentaine de kilomètres

1- http://www.vatican.va/holy_father/benedict_xvi/index_fr.htm consulté le 17 novembre 2019 à 16h58.

de Salzbourg. La foi et l'éducation de sa famille le préparèrent à la difficile expérience des problèmes liés au régime nazi. Et pourtant, c'est dans cette situation complexe qu'il découvrit la beauté et la vérité de la foi dans le Christ. Le rôle de sa famille a été capital dans sa vie. Ses parents ont toujours manifesté un témoignage transparent de bonté et d'espérance enraciné dans le Christ. Après les études de philosophie et de théologie de1946 à 1951, il sera ordonné prêtre le 29 juin 1951. En 1953, il devint titulaire d'une Maîtrise en théologie avec un mémoire sur le thème "*Peuple et Maison de Dieu dans la doctrine de l'Eglise de saint Augustin*".

Après avoir été enseignant de dogmatique et de théologie fondamentale à l'Ecole supérieure de Freising, il poursuivit sa carrière d'enseignant à Bonn (1959-

1969), à Münster (1963-1966) et à Tübingen (1966-1969). A partir de 1969, il fut professeur de dogmatique et d'histoire des dogmes à l'Université de Ratisbonne où il assuma également la charge de Vice-Président de l'Université. Il faut ensuite souligner la grande valeur, centrale dans la vie du Pasteur Ratzinger, de la profonde et fructueuse expérience de sa participation au Concile Vatican II en qualité d'"expert", qu'il a également vécue comme une confirmation de sa vocation qu'il a lui-même définie de "théologique". Le 25 mars 1977, le Pape Paul VI le nomma Archevêque de Munich et Freising. Il reçut l'ordination épiscopale le 28 mai de la même année, devenant ainsi le premier prêtre diocésain à assumer, depuis quatre-vingts ans, la charge pastorale du grand diocèse de Bavière. Il choisit comme devise épiscopale : "*Collaborateur de la*

Vérité". Le même pape Paul VI l'a créé et publié Cardinal, avec le titre de "*Santa Maria Consolatrice al Tiburtino*", lors du Consistoire du 27 juin 1977. Le 5 avril 1993, il fut appelé au sein du Collège cardinalice à faire partie de l'ordre des Evêques, et il prit possession du Titre de l'église suburbicaire de Velletri-Segni. Le 6 novembre 1998 il fut nommé Vice-Doyen du Collège cardinalice et le 30 novembre 2002 il en devint le Doyen : à ce titre, il prit possession de l'Eglise suburbicaire d'Ostie. Avant son élection sur la Chaire de Pierre, il fut Membre du Conseil à la IIème Section de la Secrétairerie d'Etat et des Congrégations : pour les Eglises orientales ; pour le Culte divin et la Discipline des Sacrements ; pour les Evêques ; pour l'Evangélisation des Peuples ; pour l'Education catholique ; du Conseil pontifical pour la Promotion de l'Unité des

Chrétiens ; de la Commission pontificale pour l'Amérique latine et de la Commission pontificale "*Ecclesia Dei*". C'est au Cardinal Ratzinger que furent confiées les méditations de la *Via Crucis 2005* célébrée au Colisée. Le vendredi 8 avril - en tant que Doyen du Collège Cardinalice - il présida la Messe d'obsèques de Jean-Paul II sur la Place Saint-Pierre. Il fut élu le 19 avril 2005 comme le 265 ème pape. Son pontificat aura duré huit années : du 19 avril 2005 au 28 février 2013. De 2013 à 2022 il passa 9 ans de retraite jusqu'à sa mort dans le monastère des jardins du Vatican le 31 décembre 2022 à 9h34.

1.2- Les prémices de l'enseignement sur la famille

Le pape Benoît XVI fut Rapporteur à la cinquième Assemblée générale du Synode des Evêques (1980) sur le thème de la famille chrétienne dans le monde contemporain. A cette occasion, dans son premier Rapport, il avait proposé une analyse précise et approfondie sur la situation de la famille dans le monde, en soulignant à ce propos la crise de la culture traditionnelle face à la mentalité techniciste et purement rationnelle. A côté des aspects négatifs, il n'avait pas manqué de mettre en évidence la redécouverte du véritable personnalisme chrétien comme un levain qui féconde l'expérience conjugale de très nombreux couples d'époux. Outre ses deux aspects de sa réflexion, il avait également proposé une juste évaluation du rôle de la femme, rôle qu'il faut compter parmi les questions fondamentales dans la réflexion sur le mariage et sur la famille. Dans la deuxième partie de son Rapport, consacrée au dessein de Dieu pour les familles d'aujourd'hui, il avait rappelé avant tout que la condition d'homme et de femme sont des expressions de la communion des personnes comme signe original du don d'amour du Créateur. Il s'ensuit - avait-il souligné - que l'amour de l'homme et de la femme n'est pas une chose privée, ni profane, ni purement biologique, mais quelque chose de sacré qui introduit à un "état", à une nouvelle forme de vie, permanente et responsable. Le mariage et la famille - avait-il rappelé avec force - précèdent, en quelque sorte, la chose publique, et celle-ci doit respecter le droit propre au mariage et à la famille et son mystère intime. Dans la troisième partie, le Cardinal avait affronté les questions pastorales liées à la famille : de celles de la construction d'une communauté de personnes à la question de la procréation de la vie, du devoir éducatif à la nécessité de la préparation des jeunes au mariage et à la vie familiale, des devoirs sociaux aux devoirs culturels et moraux. La famille, avait-il conclu, peut témoigner devant le monde d'une nouvelle humanité face à la domination du matérialisme, de l'hédonisme et de la permissivité.

1.3- La Bibliographie de Benoît XVI sur la thématique de la famille

En huit années de Pontificat (de 2005 à 2013), Benoît XVI aura livré un message d'espérance, prenant en compte la situation contemporaine et invitant les hommes de bonne volonté à s'interroger eux-mêmes sur eux-mêmes. C'est à partir de cette réflexion anthropologique, qu'il apporte l'éclairage nouveau de la Révélation et de la Tradition de l'Église, invitant alors les catholiques à faire briller pour le bien de tous cette Lumière. Il aura eu l'occasion de délivrer ce message par petites touches, chaque année à l'occasion de la prière de l'Angelus lors du dimanche de la fête de la Sainte Famille ; lors des rencontres avec des évêques, prêtres et fidèles ; en participant à la Vème et à la VIIème Rencontre Mondiale des Familles à Valence en Espagne (1-9 juillet 2006) et à Milan en Italie (30 mai - 3 juin 2012). Il s'agit essentiellement de :

- Discours prononcé le 8 juin 2005 sur la famille

- Encyclique *Deus caritas est* du 25 décembre 2005

- Homélie du 9 juillet 2006 à la Vème rencontre mondiale des familles

- Message pour la journée mondiale de la paix le 1er janvier 2008 dont le thème est « *Famille humaine, Communauté de Paix* »

- Message du 13 mai 2006 au Conseil Pontifical pour la Famille

- Discours 10 mai 2008 pour le Congrès des 40 ans d'*Humanae Vitae*

- XVIIIème Session Plénière du Conseil Pontifical de la Pastorale pour les Migrants et Itinérants tenue à Rome du 13 au 15 mai

2008, sur le thème suivant : « *La Famille Migrante et Itinérante* ».

- Message 2 octobre 2008 au congrès international pour le 40ème anniversaire d'*Humanae Vitae*

- La sainte famille, icône de l'Eglise domestique, catéchèse de l'audience générale du 28 décembre 2011

- Message du 13 mai 2011 aux participants à la rencontre organisée par l'Institut Pontifical Jean-Paul II pour les études sur le mariage et la famille

- Vœux à la curie le 21 décembre 2012.

2- Fondements de l'enseignement de Benoît XVI sur la famille[2]

2.1- Dieu, origine et finalité de la famille

L'enseignement du pape Benoît XVI est fondé sur le projet divin ouvert à tout homme. Ce projet est accessible par la raison humaine. Pour Benoît XVI, la famille est « *la voie première de la rencontre de Dieu avec l'humanité* »[3]. Dieu, en Jésus, a voulu vivre dans une famille humaine : « *dans l'Évangile nous ne trouvons pas de discours sur la famille, mais un événement qui vaut davantage que toute parole [...]. De cette manière, il l'a consacrée comme voie première et ordinaire de sa rencontre avec l'humanité*

---

[2]- https://eglise.catholique.fr/vatican/les-papes-recents/pape-benoit-xvi/371874-lenseignement-de-benoit-xvi-sur-la-famille/ consulté le 14 novembre 2019 à 21h20

[3] - Angelus du 31 décembre 2006

»[4]. Outre la vision anthropologique, Benoît XVI pose aussi sur la famille un regard théologique : « *à l'origine de tout homme et, en même temps, de toute paternité et de toute maternité humaines, Dieu créateur est présent. C'est pourquoi les époux doivent accueillir l'enfant qui naît d'eux comme un fils non seulement d'eux, mais aussi de Dieu, qui l'aime pour lui-même et qui l'appelle à la filiation divine* »[5].

---

[4]- https://eglise.catholique.fr/vatican/les-papes-recents/pape-benoit-xvi/371874-lenseignement-de-benoit-xvi-sur-la-famille/ consulté le 31 décembre 2022 à 18h58.
[5]- Idem.

2.2- La sainte famille, icône de l'Eglise domestique

La vision de la famille comme « *ecclesia domestica* » ou « Église domestique » remonte en effet, au IVème siècle avec l'évêque de Constantinople, Jean Chrysostome qui a toujours exhorté les familles chrétiennes en ces termes : « *en revenant à la maison, préparons une double table : une pour les aliments, l'autre pour la lecture de la parole de Dieu, et l'homme répète les choses qui ont été dites à l'église ; que la femme apprenne, que les enfants écoutent, que les serviteurs ne soient pas privés de cette lecture. Fais de ta maison une église puisque tu dois rendre compte du salut de tes enfants et de tes serviteurs* »[6]. Elle est le lieu où les premiers

---

[6]- Jean Chrysostome, *Sermons sur la Genèse.*

rudiments dans le processus d'humanisation de la personne humaine dans toutes ses dimensions sont enclenchés, suivis et conduits à son terme. Mieux, elle est le milieu où les premiers germes de la foi s'implantent pour fructifier plus tard dans l'Eglise universelle, dans la société. Selon le pape Benoît XVI, « *la famille est la première école de prière. En elle, les enfants, dès leur plus jeune âge, apprennent à percevoir le sens de Dieu, grâce aux enseignements et aux exemples de leurs parents...* » [7]. Benoît XVI a rappelé que bien que l'Evangile n'ait conservé aucune parole de Joseph, sa présence est « *silencieuse mais fidèle, constante, active* » et Joseph « *accomplit pleinement son rôle paternel sous*

7- http://www.nd-chretiente.com/dotclear/index.php?post/2012/01/02/Benoît-XVI%3A-La-Sainte-famille%2C-icône-de-l-Eglise-domestique consulté le 17 novembre 2019 à 17h25.

tous ses aspects ». Il évoque ainsi que par Joseph, « *Jésus a appris à alterner prière et travail, et à offrir aussi à Dieu sa fatigue pour gagner le pain nécessaire à la famille* ». Benoît XVI a ensuite évoqué le pèlerinage de Marie, Joseph et Jésus au Temple de Jérusalem, raconté dans l'Evangile de saint Luc et a ajouté que « *la famille juive, comme la famille chrétienne, prie dans l'intimité domestique, mais aussi unie avec toute la communauté, faisant partie du Peuple de Dieu en chemin* ». Pour conclure son intervention, il dira que « *La famille est la première école de prière. En elle, les enfants, dès leur plus jeune âge, apprennent à percevoir le sens de Dieu, grâce aux enseignements et aux exemples de leurs parents... Une éducation authentiquement chrétienne ne peut se détacher de l'expérience de la prière* »[8].

---

[8]- https://www.nd-chretiente.com/dotclear/index.php?post/2012/01/02/Benoît-XVI%3A-La-Sainte-famille%2C-icône-de-l-Eglise-domestique consulté le 31 décembre 2022 à 19h01.

2.3- La conception chrétienne de la famille

Mariage et famille ne sont pas une construction sociologique due au hasard, et fruit de situations historiques et économiques particulières. « *Au contraire, la question du juste rapport entre l'homme et la femme plonge ses racines dans l'essence la plus profonde de l'être humain et ne peut trouver sa réponse qu'à partir de là. C'est-à-dire qu'elle ne peut être séparée de la question ancienne et toujours nouvelle de l'homme sur lui-même : Qui suis-je ? Qu'est-ce que l'homme ? Et cette question à son tour ne peut être séparée de l'interrogation sur Dieu ? Quel est son visage véritable ? La réponse de la Bible à ses deux questions les unit et en fait une conséquence l'une de l'autre : l'homme est créé à l'image de Dieu et*

Dieu lui-même est amour. C'est pourquoi la vocation à l'amour est ce qui fait de l'homme l'authentique image de Dieu : il devient semblable à Dieu dans la mesure où il devient quelqu'un qui aime »[9]. Benoît XVI réaffirme les convictions de *Humanae vitae* qui définit la famille fondée sur le mariage comme donc un "*patrimoine de l'humanité*'[10], une institution sociale fondamentale ; elle est la cellule vitale et le pilier de la société et cela concerne les croyants et les non-croyants. Elle est une réalité pour laquelle tous les Etats doivent avoir la plus haute considération. Le centre et le cœur de la famille est le Seigneur, qui les accompagne dans leur union et les soutient dans la

---

[9]- Discours du pape Benoît XVI à l'ouverture du congrès ecclésial diocésain dans la Basilique saint Jean de Latran, 6 juin 2005.

[10]- https://www.evangelium-vitae.org/veillees/165/humanae-vitae-dans-l-enseignement-de-benoit-xvi/ consulté le 17 novembre 2019 à 17h36.

mission d'éduquer les enfants vers l'âge mûr. De cette manière, « *la famille chrétienne coopère avec Dieu non seulement en engendrant la vie naturelle, mais également en cultivant les germes de la vie divine donnée dans le Baptême. Tels sont les principes bien connus de la vision chrétienne du mariage et de la famille* »[11]. La famille chrétienne est et demeure selon les actes du Saint Siège « *le premier chemin d'Evangélisation* »[12].

---

[11]- Discours aux participants à l'Assemblée plénière du Conseil pontifical pour la Famille le 13 mai 2011.

[12]- https://www.la-croix.com/Urbi-et-Orbi/Archives/Documentation-catholique-n-2491/La-Famille-chretienne-premier-chemin-pour-l-evangelisation-2013-04-09-934147 consulté le 13 décembre 2019 à 09h45.

3. La famille dans son rapport pluridimensionnel

3.1- La Famille, lieu de purification de l'éros par l'agapè

Deus Caritas Est porte essentiellement sur le sens chrétien de la charité. Et pour Benoît XVI, la famille est le premier lieu de cette réalisation. Il restaure le sens de l'amour de Dieu que la famille, Église domestique est appelée à transmettre. Benoît XVI établit une distinction et un rapport entre l'amour éros (ἔρως) et l'amour agapê (ἀγάπη). D'une part, l'Eglise enseigne que le corps et l'âme ne forment qu'une seule réalité[13]. L'eros (ἔρως) est un amour ascendant et sensuel. L'agapê (ἀγάπη) est un amour descendant et oblatif. L'homme ne

[13]- https://www.cairn.info/revue-nouvelle-revue-theologique-2006-3-page-353.htm consulté le 31 décembre 2022 à 19h58.

peut pas vivre uniquement en éros, il doit aussi recevoir de l'agapê. La théologie du corps affirme que l'amour est une réalité unique. Or, si on détache l'eros de l'agapê, on ne conserve qu'une forme réductrice de l'amour. Le logos, raison primordiale, ennoblit l'eros et le purifie dans l'agapê. D'autre part, l'eros de Dieu pour l'homme est entièrement agapê, car il est un amour gratuit et un amour qui pardonne. Dans l'Ancien Testament, le pardon de Dieu envers Israël est un signe annonciateur de la Passion. Les chrétiens deviennent un seul corps en participant à l'Eucharistie. La famille chrétienne est tendue par sa vocation historique eschatologique vers sa finalité qui est d'épouser la volonté divine. Dans la deuxième partie de *Deus caritas est*, Benoît invite la famille, comme église domestique à être lieu de l'exercice de l'amour en tant que communauté de l'amour. La triple tâche de l'Église par ricochet de l'Eglise domestique est : l'annonce de la Parole, la célébration des sacrements et le service de la charité (diaconie). L'Eglise voire, la famille comme Eglise domestique est appelée à rencontrer le Christ par l'agapê-caritas.

3.2- L'Etat au service de la famille

Au sujet du rôle de l'Etat au service de la famille, Benoît XVI a affirmé à la rencontre des autorités civiles de Milan le 2 juin 2012 que « *la législation et l'action des institutions étatiques doivent être en particulier au service de la famille, fondée sur le mariage et ouverte à la vie, et doivent également reconnaître le droit primaire des parents à la liberté d'éducation et de formation des enfants, selon le projet éducatif qu'ils jugent valable et pertinent* »[14]. On ne rend pas justice à la famille si l'État ne soutient pas la liberté d'éducation pour le bien de la société tout entière. Dans cette mission de l'État au service des citoyens, une collaboration constructive avec l'Église

[14]- Visite pastorale à l'archidiocèse de Milan et VIIème rencontre mondiale des familles (1-3 JUIN 2012)

apparaît précieuse, non pas bien sûr dans la confusion des finalités et des rôles différents et distincts du pouvoir civil et de l'Église, mais pour la contribution que l'Église a apportée et qu'elle peut encore offrir à la société avec son expérience, sa doctrine, sa tradition, ses institutions et ses œuvres, avec lesquelles elle s'est mise au service du peuple. Il suffit de « *penser aux foules remarquables de saints de la charité, de l'école et de la culture, de saints qui ont prodigué des soins aux malades et aux exclus, et qui les ont servis et aimés comme l'on sert et l'on aime le Seigneur* »[15].

---

[15]- Rencontre avec les autorités civiles de Milan le 2 juin 2012.

3.3- La famille, pilier de la construction de l'homme et de la société

À ce titre, lorsque l'Église la promeut et la défend, elle œuvre au bien du corps social tout entier. Au Congrès organisé pour la Journée mondiale de la famille à Valence le 7 juillet 2006, Benoît XVI a insisté longuement sur « *le rôle névralgique, central et irremplaçable joué par la famille dans notre société* »[16]. Le Pape souligne l'importance de l'institution familiale qui doit aujourd'hui faire face à des défis nombreux et compliqués. Face aux crises familiales dues également parfois à des situations de précarité, Benoît XVI estime qu'il est de plus en plus urgent d'unir les

---

16- https://www.lefigaro.fr/international/2006/07/10/01003-20060710ARTFIG90226-_valence_le_pape_defend_la_famille_chretienne.php, consulté le 31 décembre 2022 à 19h07.

forces pour soutenir les familles, par tous les moyens possibles, sur le plan social, économique, juridique et spirituel : « *je désire enfin inviter tous les chrétiens à collaborer, avec cordialité et courage, avec tous les hommes de bonne volonté qui exercent leurs responsabilités au service de la famille, pour que, unissant leurs forces et dans le pluralisme légitime des initiatives, elles contribuent à la promotion du véritable bien de la famille dans la société actuelle* »[17].

---

[17]- Message à Valence le 9 juillet 2006

3.4. La famille migrante et itinérante

En 2008, le pape Benoît XVI en évoquant par le biais de son secrétaire d'Etat du Conseil Pontifical Monseigneur Agostino, les 9 secteurs pastoraux[18] aujourd'hui, affirme qu'il s'agit de « *transformer ainsi la famille migrante et itinérante en un facteur plus efficace pour l'évangélisation et pour le renforcement des valeurs chrétiennes, en la rendant non seulement bénéficiaire de l'action pastorale et caritative de l'Eglise, mais aussi protagoniste de l'évangélisation, dans son milieu spécifique* ». Il s'agit de la mobilité humaine. La famille elle-même était un des facteurs propulseurs de la mobilité des personnes. La cellule familiale a une

---

[18]- Migrants, Réfugiés, Tourisme et Pèlerinage, Apostolat de la Mer, Aviation civile, Etudiants Etrangers (Internationaux), Nomades, Gens du Cirque et de la Foire, Apostolat de la Route

mission éducatrice à remplir. Par l'exemple et par le dialogue, les parents peuvent remplir leur tâche de catéchistes auprès de leurs enfants, en leur offrant une culture de la vie, dans le respect des valeurs, dans l'harmonie des relations, dans l'observance de la religion, et dans la sauvegarde de la création. L'Eglise doit donc proposer à nouveau son très riche patrimoine et son témoignage en tant « qu'experte en humanité ». L'homme est donc appelé à accueillir la vérité qui vient d'en-haut, et rend libres et heureux. C'est seulement à partir de cette liberté dans la vérité que l'homme peut créer un monde nouveau, dans lequel le bonheur qui vient du Père est partagé de manière communautaire, c'est-à-dire en famille.

CONCLUSION

En somme, la découverte de l'enseignement du pape Benoît XVI sur la famille ouvre de larges horizons sur les enjeux de la famille encore d'actualité pour une pastorale profonde et la poursuite des réflexions doctrinales. Sa lumineuse inspiration durant la Vème Assemblée générale du Synode des Evêques en 1980 augurait déjà un pontificat axé sur la famille dans ses fondements, sa particularité et son rapport avec la société, l'Etat et une ouverture de proximité aux familles nouvelles et modernes. Son pontificat aura permis de réfléchir sur la redécouverte d'un véritable personnalisme chrétien comme un levain face à la mentalité techniciste et purement rationnelle de la famille aujourd'hui. Benoît XVI a rappelé la condition d'homme et de femme comme expressions de la communion des personnes comme signe original du don d'amour du Créateur. Car, l'amour de l'homme et de la femme n'est pas une chose privée, ni profane, ni purement biologique, mais quelque chose de sacré qui introduit à un "état", à une nouvelle forme de vie, permanente et responsable. Le mariage et la famille précèdent, en quelque sorte, la chose publique, et celle-ci doit respecter le droit propre au mariage et à la famille et son mystère intime. La mission éducative de la famille chrétienne devient « *un vrai ministère, grâce auquel l'Évangile est transmis et diffusé, à tel point que la vie familiale dans son ensemble devient chemin de foi et en quelque sorte initiation chrétienne ou école de vie à la suite du Christ* »[19].

---

[19]- *Africae munus*, novembre 2011, n° 46.

BIBLIOGRAPHIE

1- Bible

Collectif, *Bible de Jérusalem*, Cerf / Verbum Bible, Paris, 1991.

2- Documents magistériels

- *Catéchisme de l'Église Catholique*, Mame / Plon, Paris, 1996.
- *Code de Droit Canonique*, Montréal, 3ème Ed. Wilson et Lafleur, 2007.
- *Concile Œcuménique Vatican II, Constitutions – Décrets – Déclarations,* Centurion, Paris,

3- Ouvrages, messages et Articles

- *Benoît XVI, Africae munus,* Liberta édition vaticane novembre 2011.

- Discours du pape Benoît XVI à l'ouverture du congrès ecclésial diocésain dans la Basilique saint Jean de Latran, 6 juin 2005.
- Discours aux participants à l'Assemblée plénière du Conseil pontifical pour la Famille le 13 mai 2011.
- Message à Valence le 9 juillet 2006
- Migrants, Réfugiés, Tourisme et Pèlerinage, Apostolat de la Mer, Aviation civile, Etudiants Etrangers (Internationaux), Nomades, Gens du Cirque et de la Foire, Apostolat de la Route
- Angelus du 31 décembre 2006

4- Webographie

- http://www.vatican.va/holy_father/benedict_xvi/index_fr.htm consulté le 17 novembre 2019 à 16h58.
- https://eglise.catholique.fr/vatican/les-papes-recents/pape-benoit-xvi/371874-lenseignement-de-benoit-xvi-sur-la-famille/ consulté le 14 novembre 2019 à 21h20
- https://eglise.catholique.fr/vatican/les-papes-recents/pape-benoit-xvi/371874-lenseignement-de-benoit-xvi-sur-la-famille/ consulté le 31 décembre 2022 à 18h58 consulté le 17 novembre 2019 à 17h25.
- https://www.ndchretiente.com/dotclear/index.php?post/2012/01/02/Benoît-XVI%3A-La-Sainte-famille%2C-icône-de-

l-Eglise-domestique consulté le 31 décembre 2022 à 19h01.

- https://www.evangeliumvitae.org/veillees/165/humanae-vitae-dans-l-enseignement-de-benoit-xvi/ consulté le 17 novembre 2019 à 17h36.
- https://www.la-croix.com/Urbi-et-Orbi/Archives/Documentation-catholique-n-2491/La-Famille-chretienne-premier-chemin-pour-l-evangelisation-2013-04-09-934147 consulté le 13 décembre 2019 à 09h45.
- https://www.cairn.info/revue-nouvelle-revue-theologique-2006-3-page-353.htm consulté le 31 décembre 2022 à 19h58.
- https://www.paris.catholique.fr/l-enseignement-de-benoit-xvi-sur.html consulté le 14 novembre 2019 à 21h22.
- https://www.lefigaro.fr/international/2006/07/10/01003200607 10ARTFIG902

26_valence_le_pape_defend_la_famille_chretienne.php, consulté le 31 décembre 2022 à 19h07.

De lumineuse mémoire, le pape émérite Benoît XVI nous laisse un enseignement succinct et profond sur la famille en insistant sur les fondements de la famille, et la famille dans son rapport pluridimensionnel.

Prêtre du diocèse de Porto-Novo, Anselme CHODATON est titulaire d'une licence canonique et d'un master professionnel en sciences du mariage et de la famille à l'Institut Pontifical saint Jean-Paul 2 à Cotonou.

Printed by Books on Demand GmbH, Norderstedt / Germany